Beurenia-Verlag W 7444 Beuren

zeitvermerke

Wörter und Zeichen

Heribert Losert Dietmar Scholz

Beurenia-Verlag, Hildegard Joos
W-7444 Beuren, Germany
Hergestellt in der Grafischen Werkstätte
der Gustav Werner Stiftung zum Bruderhaus Reutlingen,
in Zusammenarbeit mit
Fotosatz Keppler, Reutlingen,
Leibfahrt & Schwarz, Dettingen,
Großbuchbinderei Lachenmaier, Reutlingen

ISBN 3-928269-00-3

Et altera ars Wolfgang Schwarz

Et altera ars – dieses geheimnisvolle Wort aus dem Vergil ist man zu sagen geneigt, wenn man diese Blätter sieht und diese Blätter liest. Auch eine andere Kunst.
Oder eine Kunst vom Anderen, beides heißt, daß hier etwas zwischen den sagbaren und bildbaren Dingen liegt – das ist das Eigentliche. Der Maler und Zeichner Heribert Losert und der Dichter Dietmar Scholz haben nämliche Motive.

»das
was es war
bevor es starb«

Von einer Welt, die sie erleben, fassen beide eine Vollendung, die aber, da sie gestorben ist, überhöht. Mag sein, daß deren beider Herkunft solch tragische Erinnerung schafft – sie ist zugleich, in ihrem sublimen Zwischensein, eine neue, eine geistige Wirklichkeit.

»zwischen dem schilf
und das wiegen der wellen« –

beide stehen inmitten einer gelebten Erfahrung und auch schon jenseits davon.
Erfahrung hat sich in »geträumtes anderes« verwandelt.
Müßig zu sagen, daß eine solche »altera ars«, die auch eine Kunst des Schweigens ist, auf der Basis höchster Formzucht ragt. Es sind Spitzengebilde eines asketischen Transsubstanziationsprozesses in diesem Ensemble aus Bild und Wort versammelt.

»das eins mit dem anfang
trägt man hinein«

Hier wird es in den Leser, in den Betrachter getragen. Es ist eine Musik der unio mystica, wie sie aus dem Osten erklingt, aus dem beide kommen.
Man weiß sich in dieser Musik wunderbar aufgehoben.

»am ende bleibt einer hand
nur der bogen hinauf«

Das könnte von Jakob Böhme sein. Es hat in sich die Weisheit von der »Tiefe«, in die man »emporgeht«, wie sie der Schöpfer der »Morgenröte im Aufgang« der Welt geschenkt hat.
»Morgenröte im Aufgang« – solches klingt aus allen Poren dieses malerisch dichterischen Corpus Artificiense, es tönt aus allen Toden und Triumphen dieses zweiklängigen Einklangs.

entwürfe

wenn du aufwachst
nach etwas
das sie traum genannt

eine weile zuhause
in dem entwurf

mir eine
von den tausend
nicht gelebten rollen

wenn du dann aufwachst
und dir ist
als ob das niemals wirklich war

wie wird es sein
wenn du

nach diesem langen traum
den andre leben nennen

zurückkehrst
in die große wirklichkeit

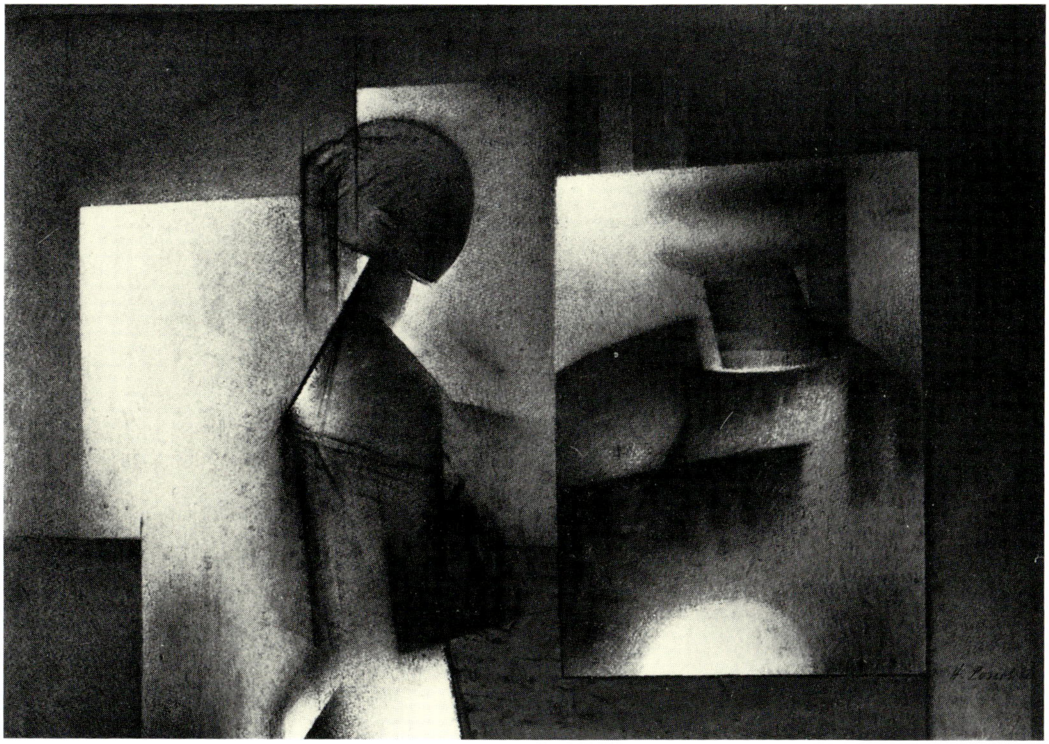

traumbilder

und alte bilder fahrn durch mich hindurch
auf manchen zügen spring ich auf
und lebe tage nach und neu
zugleich auf felsen und im tal
bin fisch und vogel
heut und gestern-ich
und meine grenze liegt
wo träume enden

ein kurzes zögern zwischen
nicht
und noch nicht ganz
wenn licht der dunkel größe
schmilzt ins absehbare

und nur musik und farben
klang und wort
die hände reichen
um zu fliegen

damals

als wir das
vor uns
in den händen hielten
als abende von märchenglanz geputzt
als wort aus anderm mund
mehr wog als heiße angst
als
wir mit schatten spielten
und mit
wenn-ich-groß-bin
als wir ins hexenhaus geflogen
und schlaraffenland
da hab ich
meinen schatten an den baum
gehängt

und keine karte zeigt
mir heut
den weg zu diesem baum

scheltet uns nicht

scheltet uns nicht
wenn in die herde wir drängen

wir schwachen
haben
wenn uns im winter
die wölfe umkreisen

nichts als
die zahl
und die angst

einen gruß

ich will dir was schicken
durch die nacht
die dazwischen
zwischen dem platz
an dem wir zuhaus
du und ich

behutsam

sage ich

soll es sein

wärme

sage ich

soll es bringen

die nacht

bitte ich

soll es teilen

und eine handvoll sonne tragen
zu dir

machs gut

soll es sagen

und die lippen berührn

gute nacht

das blatt

dem ersten
lang verknittert blatt
gab ich das wort
und malt es an mit
lauten wort und zeichen

was irgendwer auf diese
seite schreibt
er kam danach
und hat das weiße nie
gesehen
das
was es war
bevor es starb
durch mich

H. Losert

komm näher

komm näher
öffne den harnisch
leg die waffen beiseite

laß dich berühren
vom atem
auf dem die herzsaite schwingt

aber
vergiß nicht die narben
die wir in uns geschlagen

ohne diesen verlust
fehlten den rädern die zacken

durch die sich
das ganze

schließlich

bewegt

komm näher

das wort

erst wenn es steht
auf wessen haut auch immer
und nicht mehr flutgleich
seine formen nimmt

wird es
ein ich mit dem man lebt

an dem man reibt und klopft
und redet
und

an die hand genommen

eintaucht in das was man
das leben nennt

ein schlüssel ist's
zu zimmern unsres hauses
in dem man ungezählte leben
leben kann

und doch vielleicht

am eignen
still vorübergeht

H. Lorenz

die fische

soweit geht keiner zurück
ohne schaden

die fische erinnern sich nicht
an die arche von einst
sie bewachen die grenze
zu ihrem revier

die angel werden sie dir
niemals vergessen

doch du hast ja ihr wort
für den platz zwischen dem schilf

und das wiegen der wellen
danach

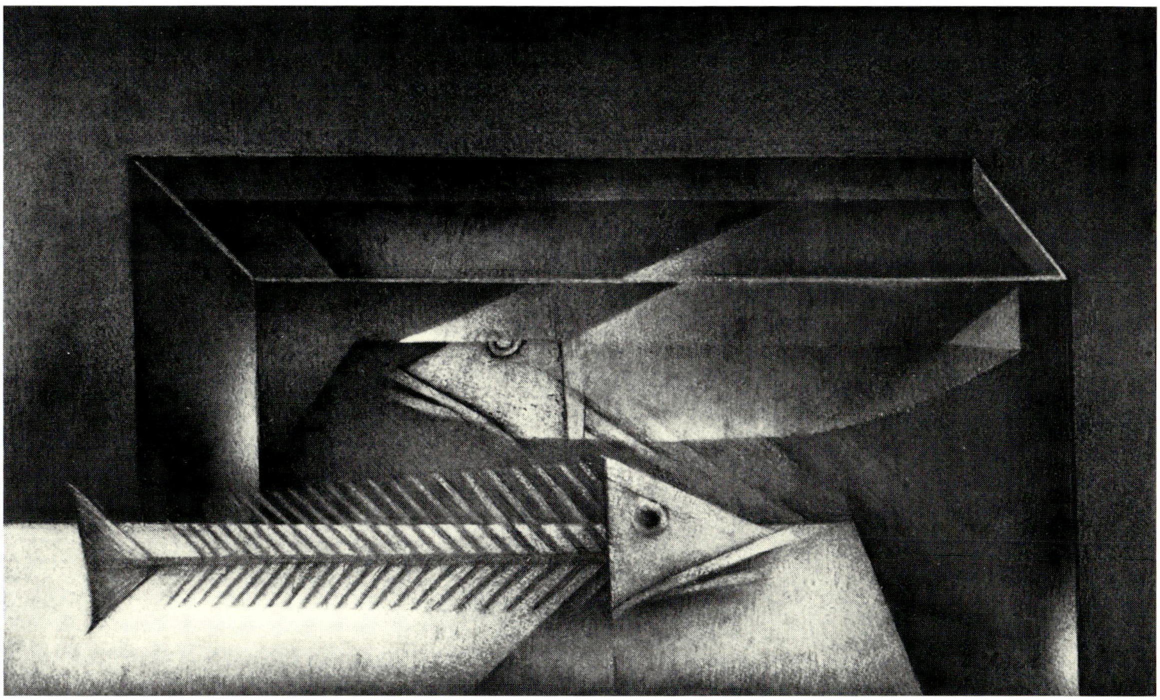

du kleine stadt

für bad urach

irgendwann

im laufe der tage

bin ich vor anker gegangen
bei dir

manchmal läßt man beim gehen
etwas zurück

wohin später der wind uns
treibt
wo tage du ablebst und jahre
warst du im herzen zu miete

doch in den mauern bei dir
klingt das lachen zurück
als der wind die federn uns bauschte

wo man gelacht hat

denk ich

war man einmal zuhause

fragebogen

meiner tochter hab ich
eine karte vor uns
gesagt: hier
wo die katzbach zur oder will
etwas tiefer
ein blauer fleck für den see

dort hab ich
ein paar dekaden ist's her
mich aus dem schoß meiner mutter
ins leben geschrien

sechs buchstaben
setz ich in den spalten des
fragebogens

der see trägt das wasser wie einst
die straße dorthin und die
plätze davor
kann man auch heute noch sehen

das haus freilich
haben die flammen des krieges verzehrt

wenn ich die augen schließe
kann ich es sehn

aber
auf der karte vor uns
steht heute ein anderer name

was man sieht
sagt man oft
das gilt

manchmal
denke ich
hab ich das andere
vielleicht
nur geträumt

morgenspaziergang

um uns die nacht
der morgen ist nicht weit

schnee träumt für sich
mit grauen schatten

zwischen den wolken
schwimmt der mond wie wachs

die schritte setzen schmale bänder

im tale brummt ein großes
stählern tier

die flocken schweben
lautlos plätschern wolken

kein vogel bricht
die stille dieser nacht

den morgen kündet jäh ein
martinshorn

dreimal

dreimal dem kompaß vertraut
und immer am nordpol vorbei

dich trifft keine schuld
kein wort hat versprochen
es gibt keine garantie
für die wege ins glück

doch auf dem wege dorthin
hörst du manchmal
die nachtigall

hänsel und gretel 1989

als ich zurückging
die steine zu suchen
um heimzukehren
aus dem verwunschenen walde
und vom hause der hexe

hatten die vögel
meine brocken getilgt

und die nägel
die wir
damals
in die tage geschlagen

waren verwittert
und nicht mehr zu sehn

ohne gretel
und weiß-du-doch-noch
ohne gretel
glaubst du dir selber
nicht einmal
deine gewesenen jahre

feuer

trag es wie schnee
durchs feuer

immer gefährdet
und ohne die chance der dauer

hülle es ein
in die netzhaut des wunsches

der die wärme des herzens nicht fremd
und das feuer der hölle

bau dem feuer den herd

nur das feuer
macht aus der heimstätt
ein haus

oder
verbrennt's

wegweisung

wohin
seher des ostens
weist deine hand
wo
sagst du
habe die fremdheit ein ende

warum entdecken wir nicht

wo ithaka liegt

und der heimat freundlicher strand
uns erwartet

vielleicht
denk ich
hat keiner die zeichen gesehen
und
am ende bleibt einer hand
nur der bogen hinauf

kauzrufe

es ist die nacht
die uns küßt
um danach zu vergessen

in der schattenschwebe
raunen
immer und
und niemehr sich zu

die sonne hat ihren
fahrplan vergessen
und die frühe sucht sich
den winter als freund

ob käuzchen das eigene sterben
vermelden

die nächte im moor
gehören nebel und mond

umkehr

mit jedem schritt
den wir von dannen gehn
wachsen wir fester in ein fremdes leben

doch auf der straße
die zum herzen führt

geht jeder schritt

zu dir

wie lange lief ich auf der wendeltreppe

so nah
und immer führt der weg am
kern vorbei

nun bin ich aufgewacht

und hab im spiegel
dich und mich gesehn

und plötzlich weiß ich
wo die straße endet

stationen

nicht voller eile auf der reise
und ohne ruhe
zwischen war und wird

in diese stunden schlüpfen
und das pendel halten
das die sekunden zählt

ganz hier
und diese kleinen lebenssteine
mit ihrem grund verknüpfen
der uns hält
und unsre kränze binden
in den stunden
in denen blüten unsrer tage blühn

an so vielen plätzen

wir

die wir wieder und wieder geboren

an jedem platz in der fremde
neu

sind ohne den punkt

immer haben die zieheltern
andre gesichter
und ihre stimmen klingen uns neufremd
vertraut

immer verläßt man den schoß
mit der sehnsucht
und das eins mit dem anfang
trägt man hinein
in den tod

mein vogel

es ist trauer in mir
mein vogel

du hast das niemals erlebt
den flug durch die lüfte
den großen zug in die
winterheimat des südens

und doch bist du ein vogel wie ich
auch wenn die flügel verkümmert
lasten die zarten beine
gekrümmt
und das rückgrat verbogen

die lieder sind dir entschwunden
unter kommandos beim bau deiner
hütte
und der straßen in denen du lebst

so einer wie du
bleibt im eisen
auch wenn der käfig geöffnet

was nützt es
denk ich
ein vogel zu sein
wenn es ihm niemals beschieden
zu fliegen

für

die jahre schwimmen
im winde der zeit

manchmal sagt eine zahl
an welchem ort wir sind

die freunde winken
der applaus bläht uns die segel

die lieder klingen
eine weile noch im ohr

doch jedes jahr sind
näher wir dem hafen

gieß wein ins glas
solange freunde
deine sprache
noch verstehn

schreie

ich schrei mich hinein
in die stille

das messerwort
hat die haut abgezogen

im wunden fleisch
fordert jeder nadelstich blut

wir schreien
beide

wer hat wem
die haut abgezogen

wenn man das wüßte

wir schreien

Heribert Losert (geboren 1913)

1929—35	Studium
11939—45	Kriegsdienst
1945—52	Grafiker und Illustrator
1953—61	Lehrauftrag an Waldorfschulen
1964	Gestaltung der Fernseh-Sendereihe »Sehen und Sichtbarmachen« im Studienprogramm von Bayern, Hessen und der Schweiz
1973	Gründung der Freizeitakademie Bayerwald in Wörth an der Donau
1974	Ernennung zum Fürstlich Liechtensteinischen Professor. 1. Vorsitzender der Künstlergilde Esslingen, seit 1981 deren Ehrenvorsitzender. Zahlreiche Preise und Auszeichnungen, zuletzt Kulturpreis Ostbayern 1989, Bundesverdienstkreuz. Lebt in Wörth/Donau.

Dietmar Scholz (geboren 1933)

Mitglied beim Verband deutscher Schriftsteller, der Künstlergilde Esslingen, des Wangener Kreises und des Kreises der Freunde. Fünf Lyrikbände, ein Kinder-, drei Jugendbücher (davon ein Schulbuch für dänische Handelsschulen), ein Essayband, ein Band mit Erzählungen, Beiträge in Anthologien, Zeitungen und im Rundfunk; Vorträge über Eichendorff, Erich Kästner, Eugen Roth..... . Zusammenarbeit mit Malern und Musikern, u.a. Aufführung einer Veith-Erdmann-Vertonung im Goethe-Institut Melbourne.

Preise und Auszeichnungen u.a.:

1974	1. Preis für ein Bildgedicht
1978	Andreas-Gryphius-Förderpreis
1985	Eichendorff-Literatur-Preis
1987	Stipendium zum Kulturpreis Schlesien des Landes Niedersachsen.

Lebt in Reutlingen.

Verzeichnis